Mi primer libro de actividades color-número

Mi primer libro para colorear dibujos con números

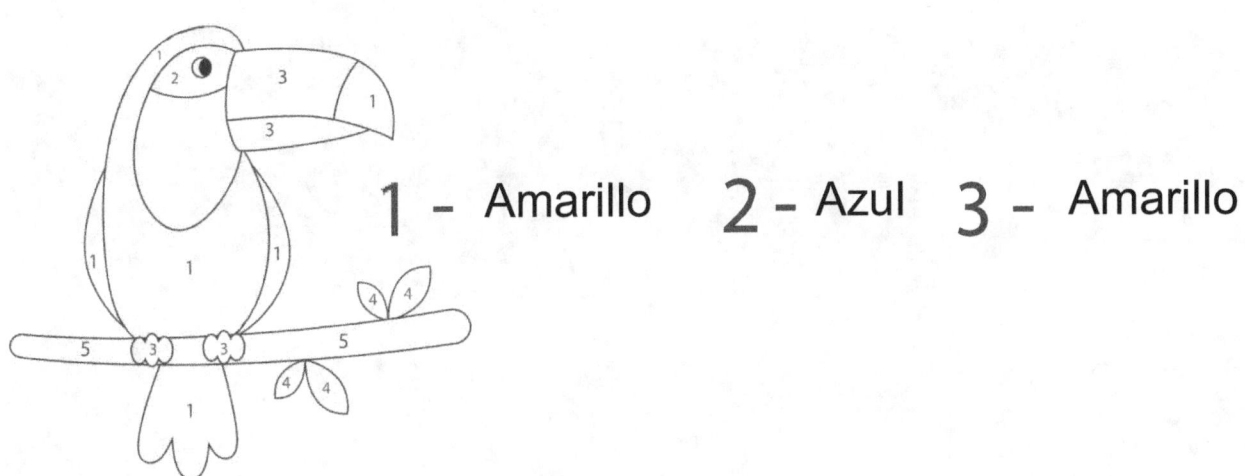

1 - Amarillo   2 - Azul   3 - Amarillo

Proyecto Psicoexpansión

© **Copyright 2021-Todos los derechos reservados.**

2021. Proyecto Psicoexpansión.
Todos los derechos reservados.

Primera edición.
Esta publicación no se puede vender, reproducir o transmitir, bien sea de forma total o parcial, en ningún formato, sin previo consentimiento escrito por parte de su autor.

La única excepción es el uso legítimo de la obra, generalmente la correcta citación de un pequeño fragmento del libro con el objetivo de hacer una reseña o crítica sobre este.

El autor no asume responsabilidad alguna por el uso que haga del contenido de este libro, El lector es responsable único de sus actos.

Introducción

En Proyecto Psicoexpansión sabemos lo importante que es el desarrollo psicomotriz de nuestros pequeños, por eso les traemos este libro cargado de diseños sencillos y con guía numérica para que desarrollen su capacidad de observación, correspondencia termino a termino, así como la consolidación al número. A través de la colección "Mi primer libro de actividades color-número", nuestros pequeños gigantes podrán reforzar sus conocimientos sobre los colores y los números, ideal para niños en edad preescolar. Desde Proyecto Psicoexpansión, queremos que nuestros escolares aprendan mientras se divierten, así que continuaremos creando y desarrollando hermosos materiales cargados de aprendizaje, cariño y mucho amor para los más pequeños de la casa.

Cometa

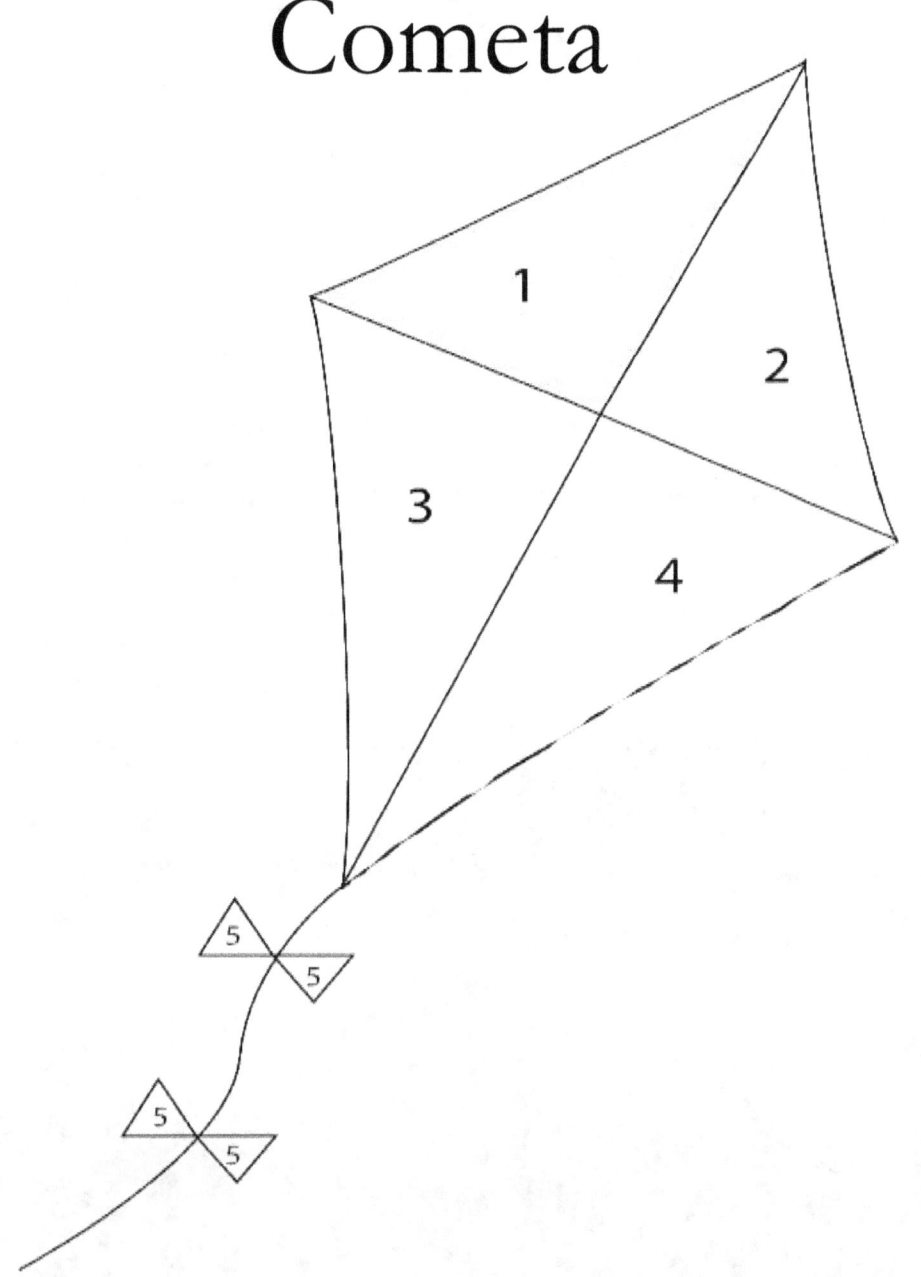

1 - Azul   3 - Verde   5 - Morado

2 - Amarillo   4 - Rojo

Barquilla sencilla

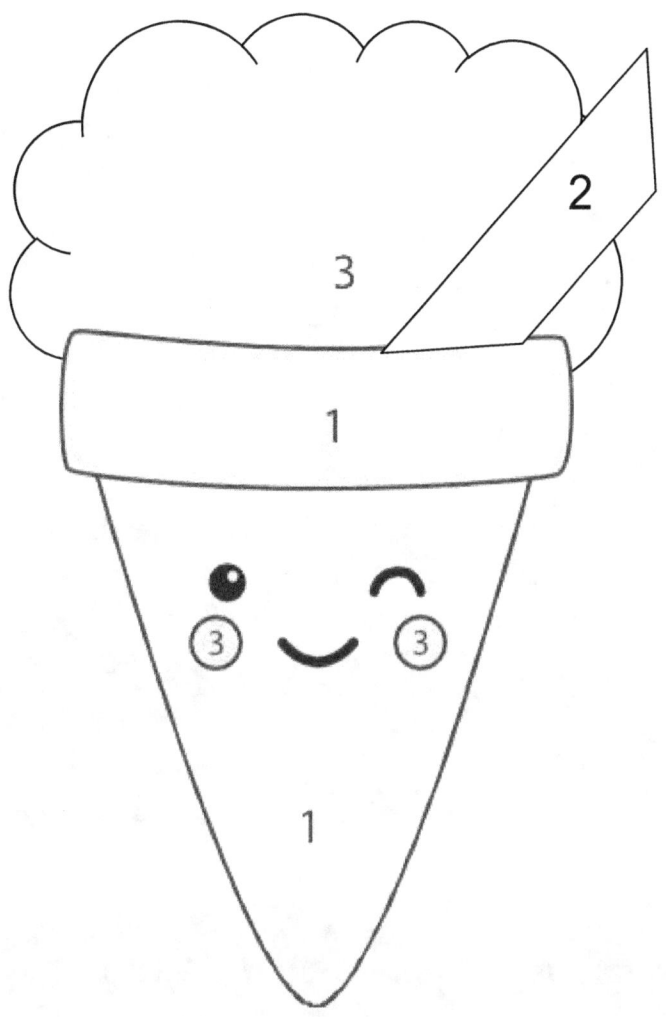

1 - Marrón   3 - Rosado

2 - Verde

Abeja

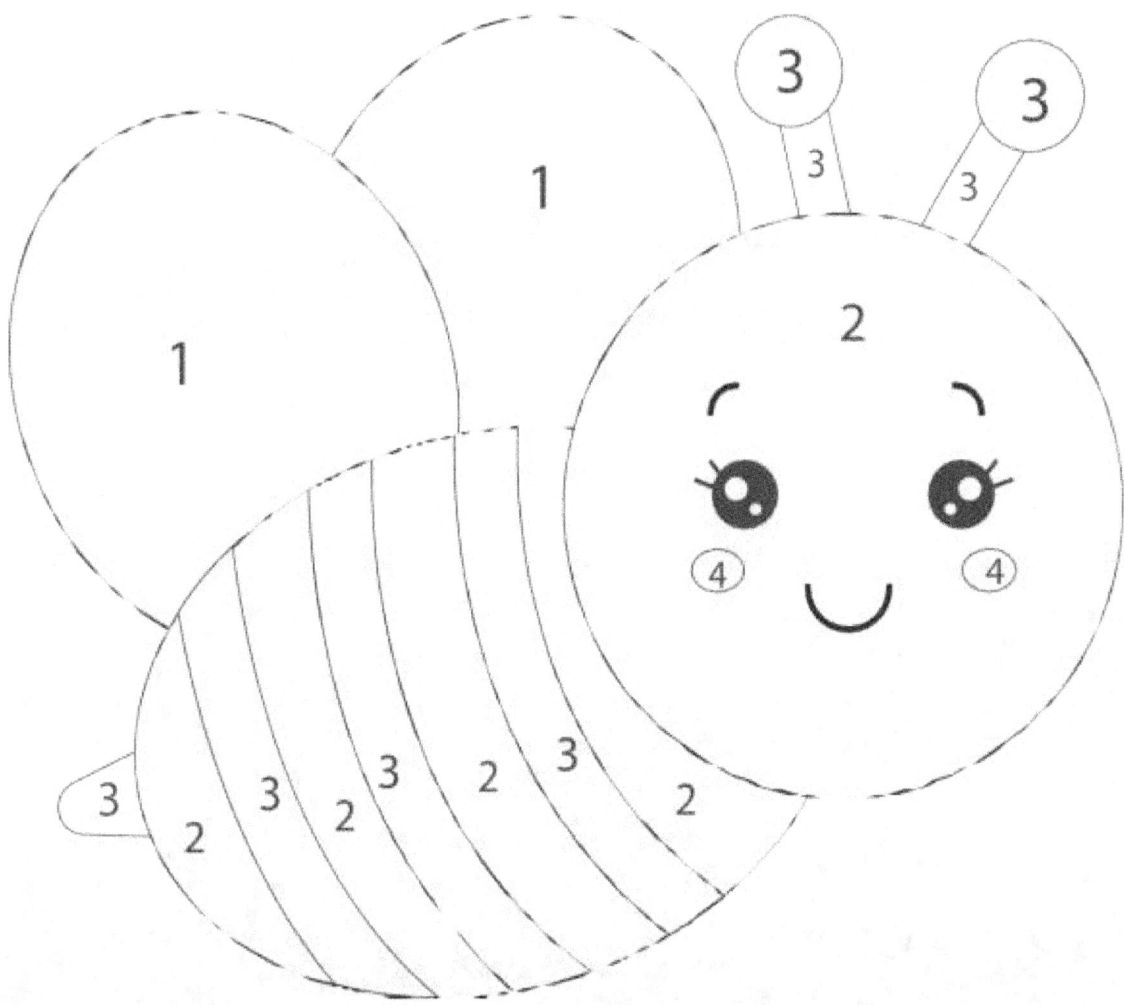

1 - Azul celeste

2 - Amarillo

3 - Negro

4 - Rosado

Tortuga

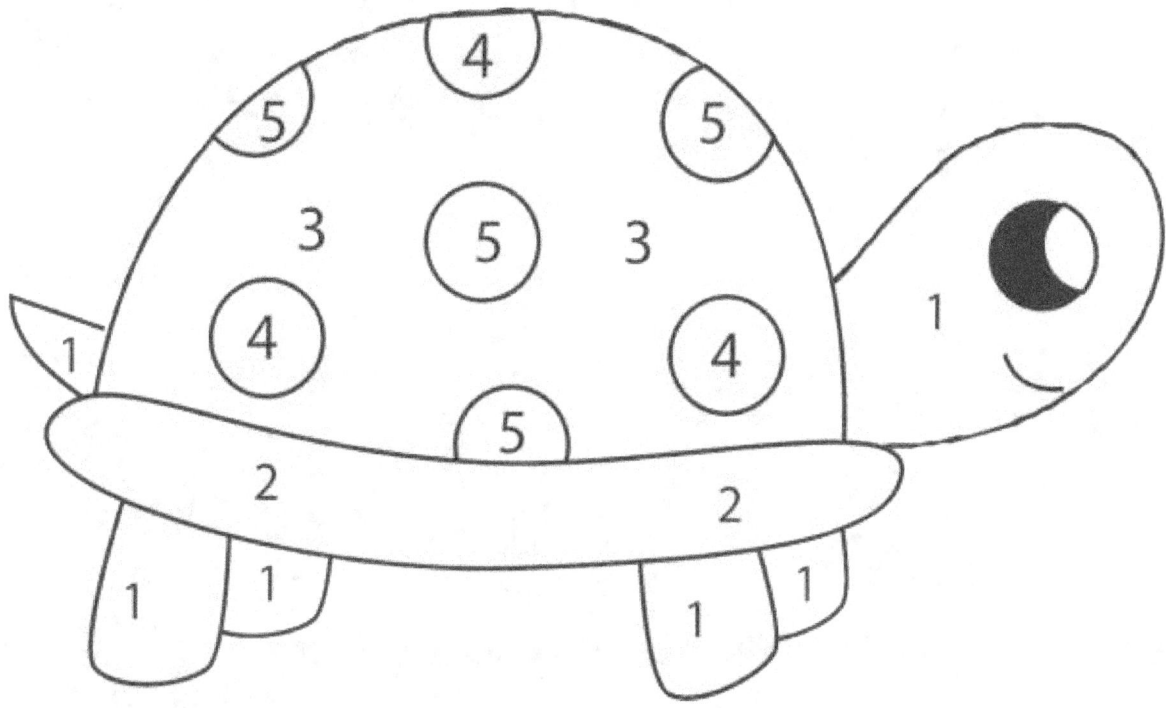

1 - Verde   3 - Anaranjado   5 - Rosado

2 - Marrón   4 - Amarillo

Tucán

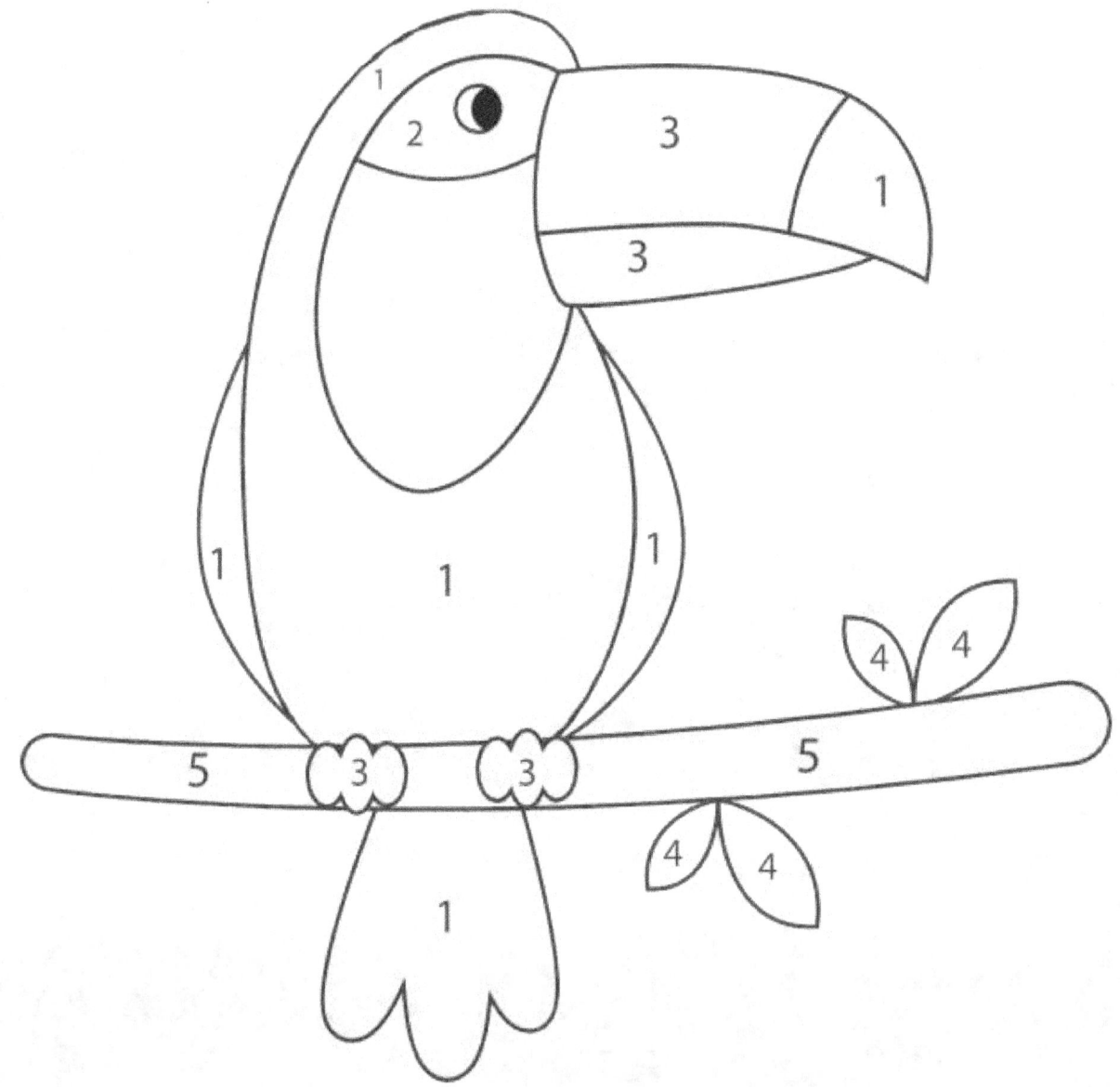

1 - Negro **3** - Anaranjado **5** - Marrón

2 - Amarillo **4** - Verde

Mono

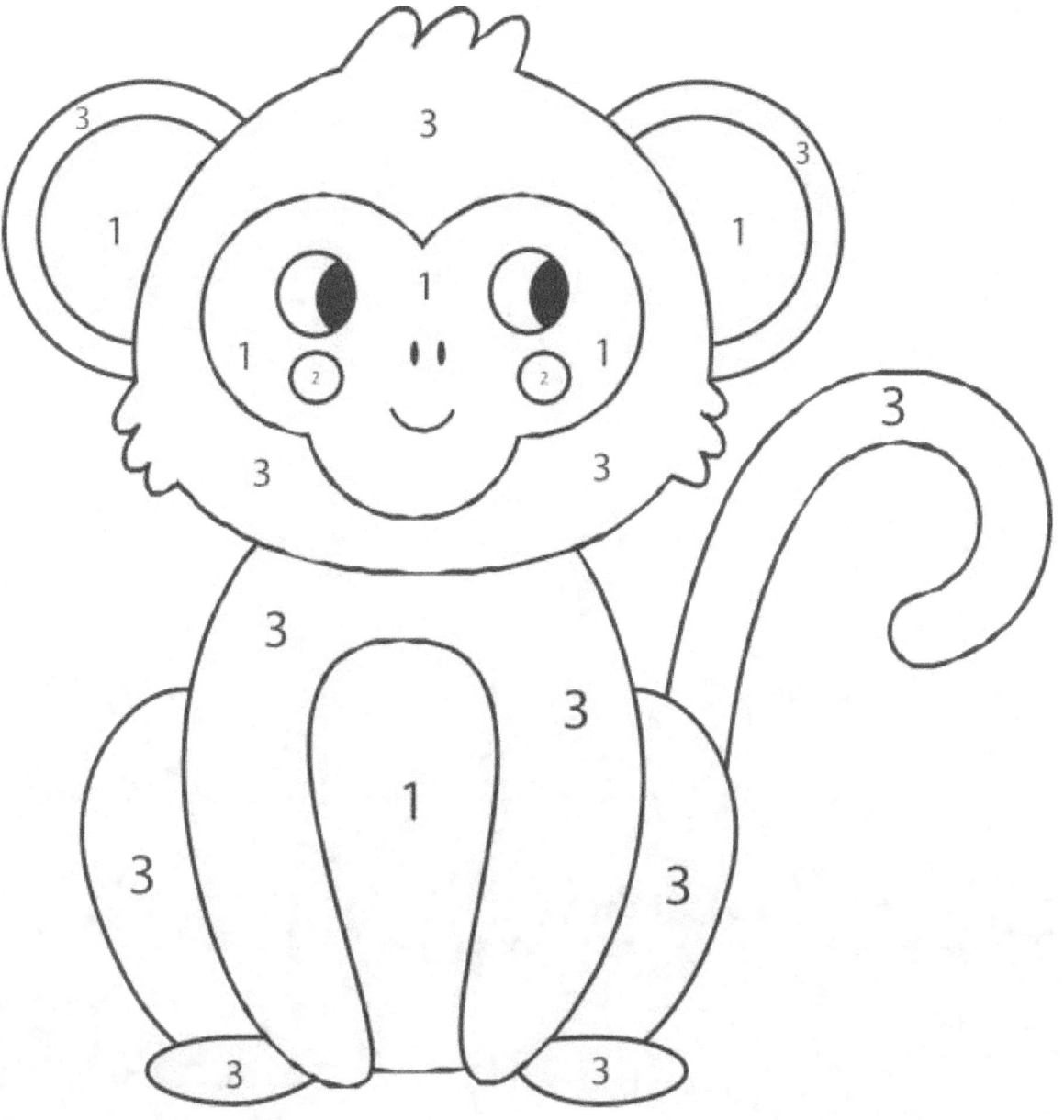

1 - Carne   3 - Marrón   2 - Rosado

Pez

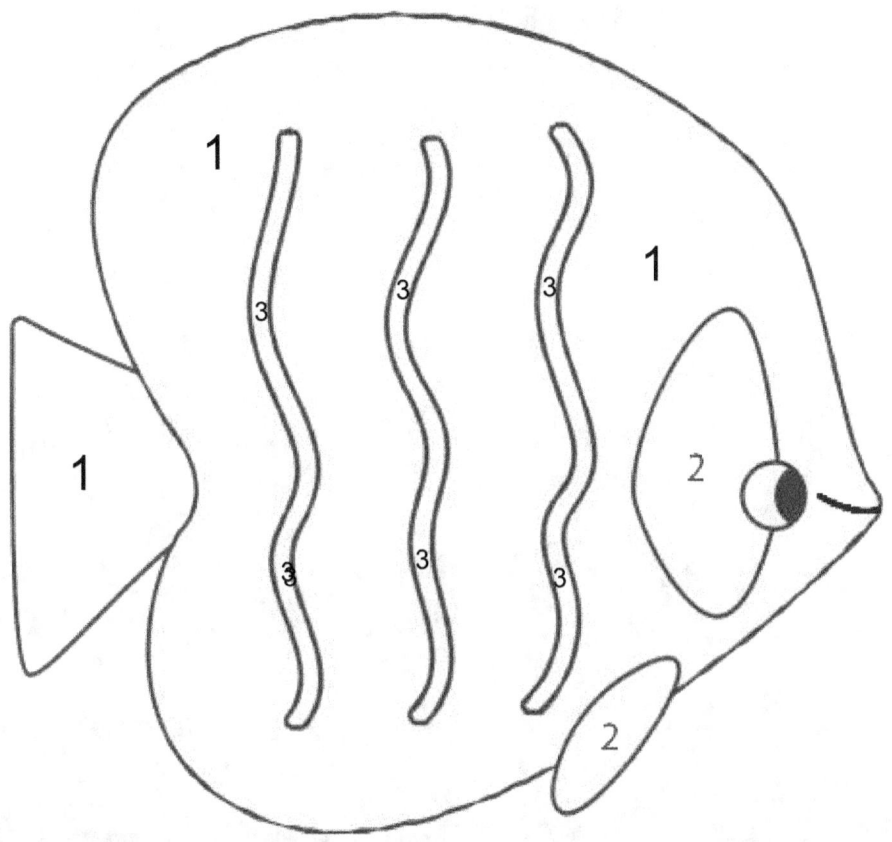

1 - Amarillo **3** - Marrón **2** - Azul

Pulpo

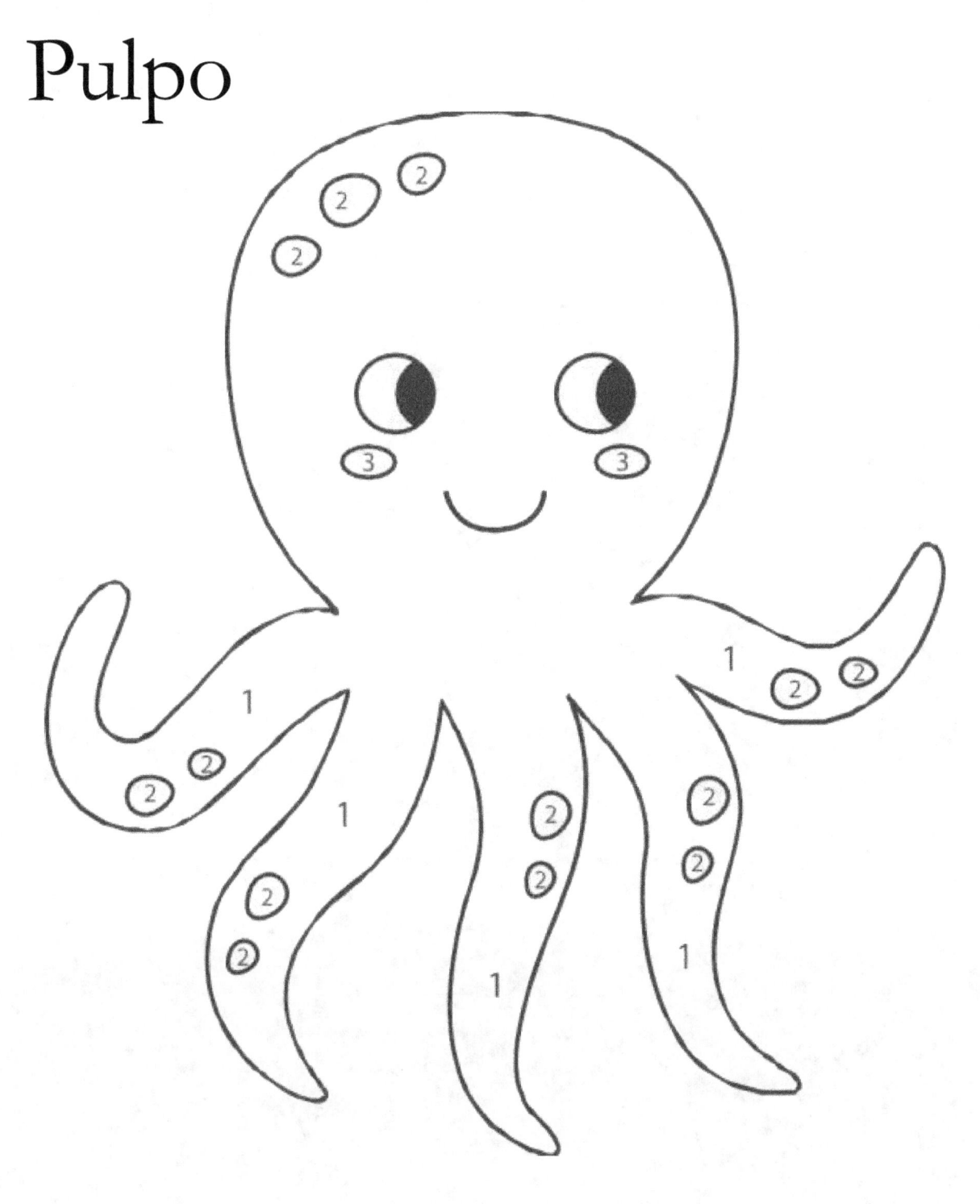

1 - Morado   **3** - Rosado   **2** - Lila

Conejo

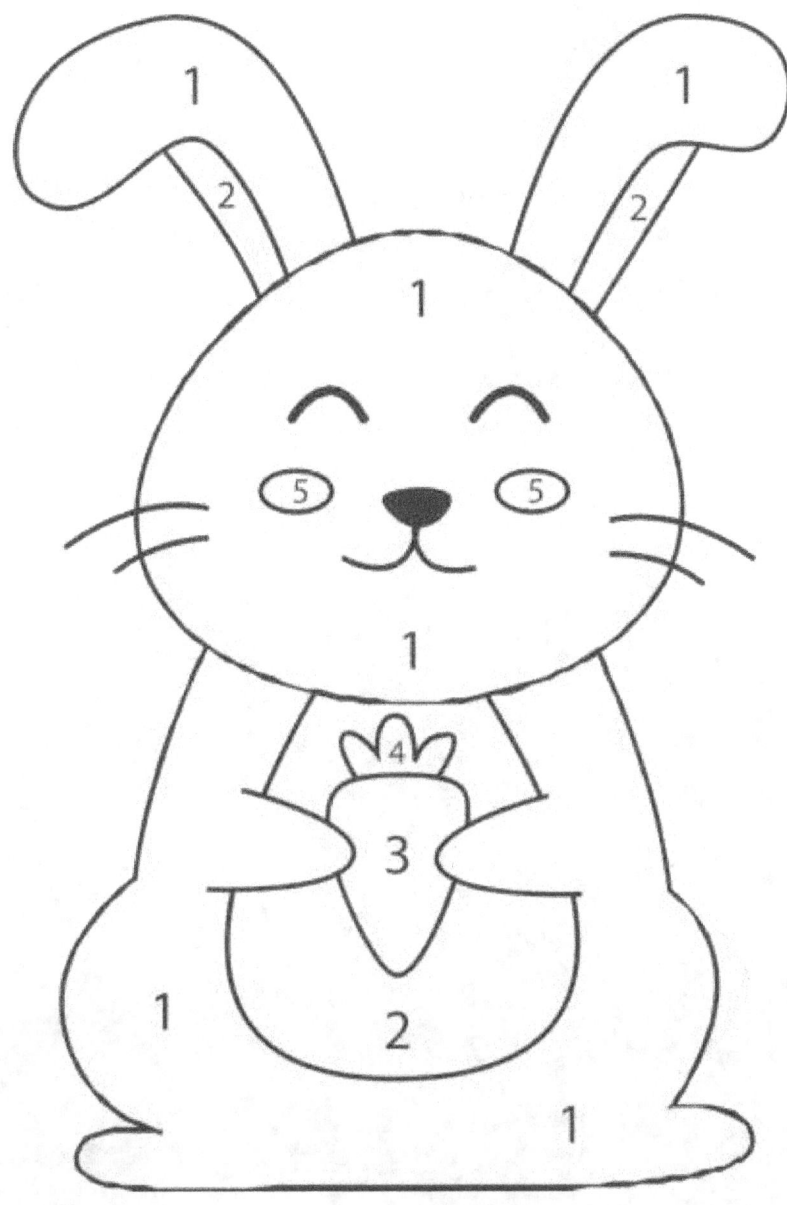

1- Azul 3- Anaranjado 5- Rosado

2- Beige 4 - Verde

Ballena unicornio

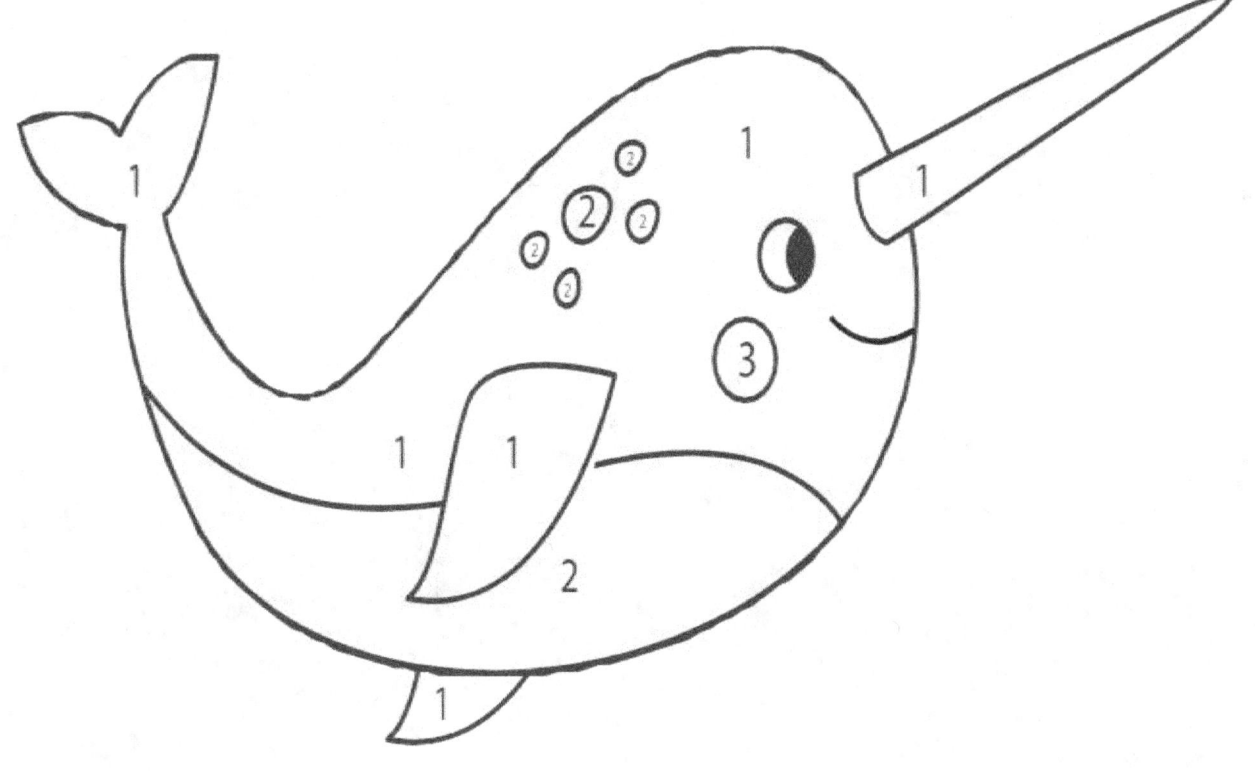

1 - Azul   3 - Rosado   2 - Gris

Barquilla especial

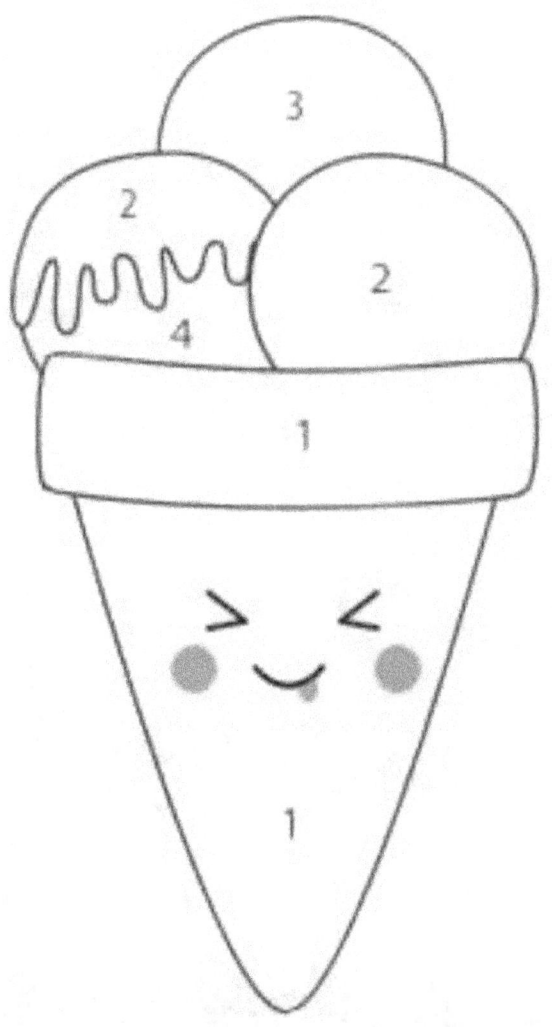

1 - Beige 3 - Rosado

2 - Marrón 4 - Verde

Pollito

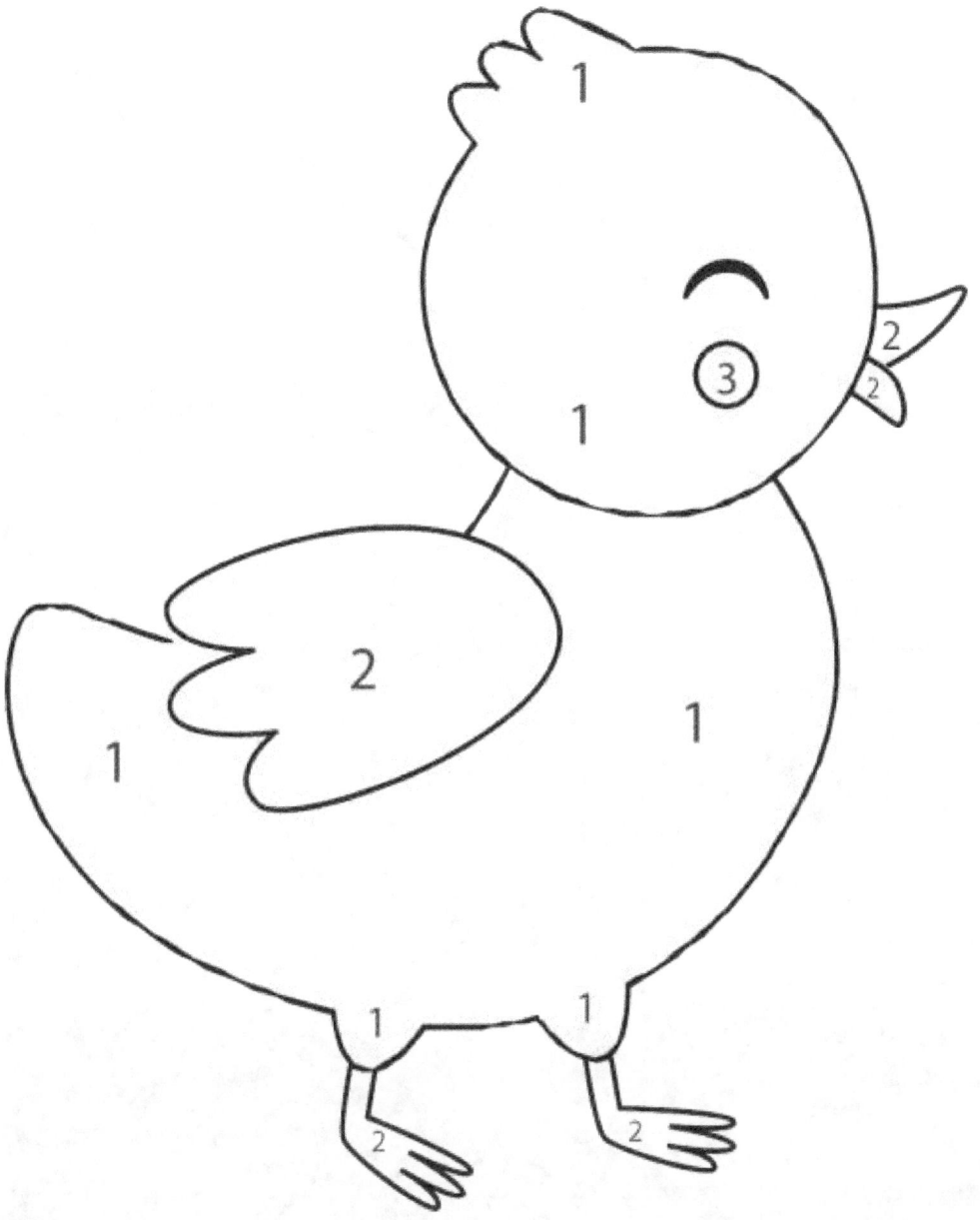

1 - Amarillo 3 - Rosado

2 - Anaranjado

Aguacate

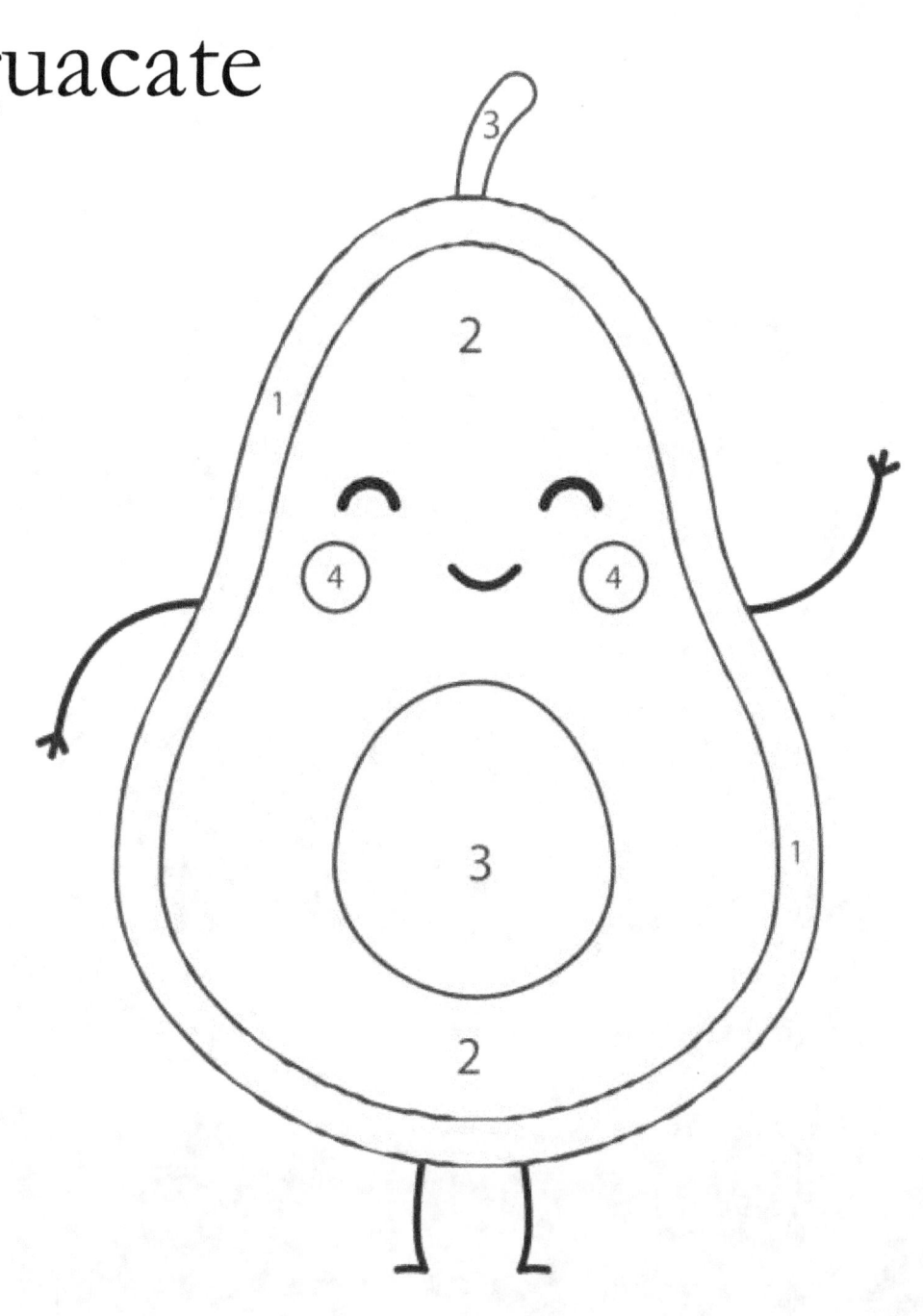

1 - Verde   3 - Marrón

2 - Amarillo   4 - Rosado

Mango

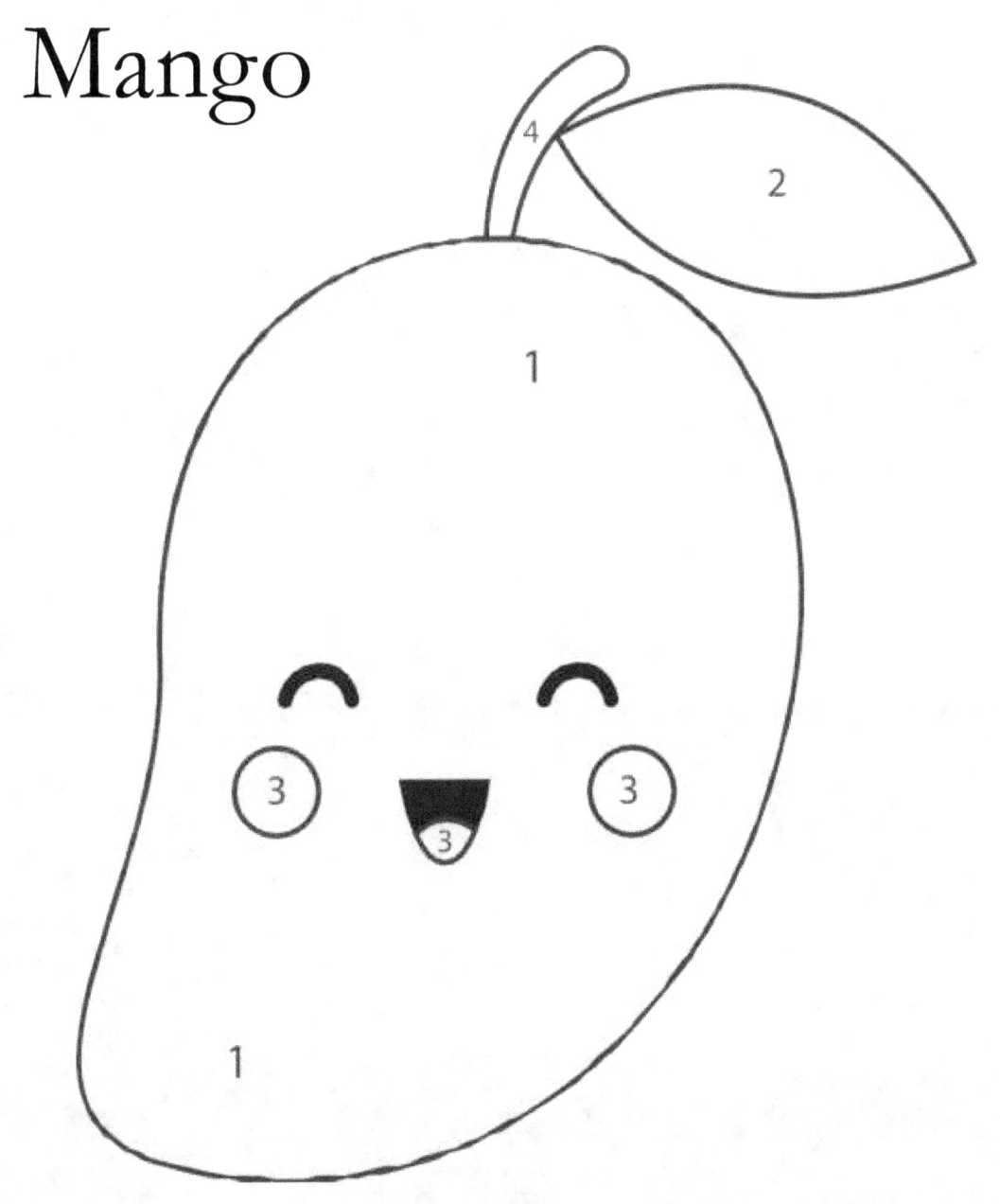

1 - Amarillo   **3** - Rosado

2 - Verde   **4** - Marrón Claro

Sandía

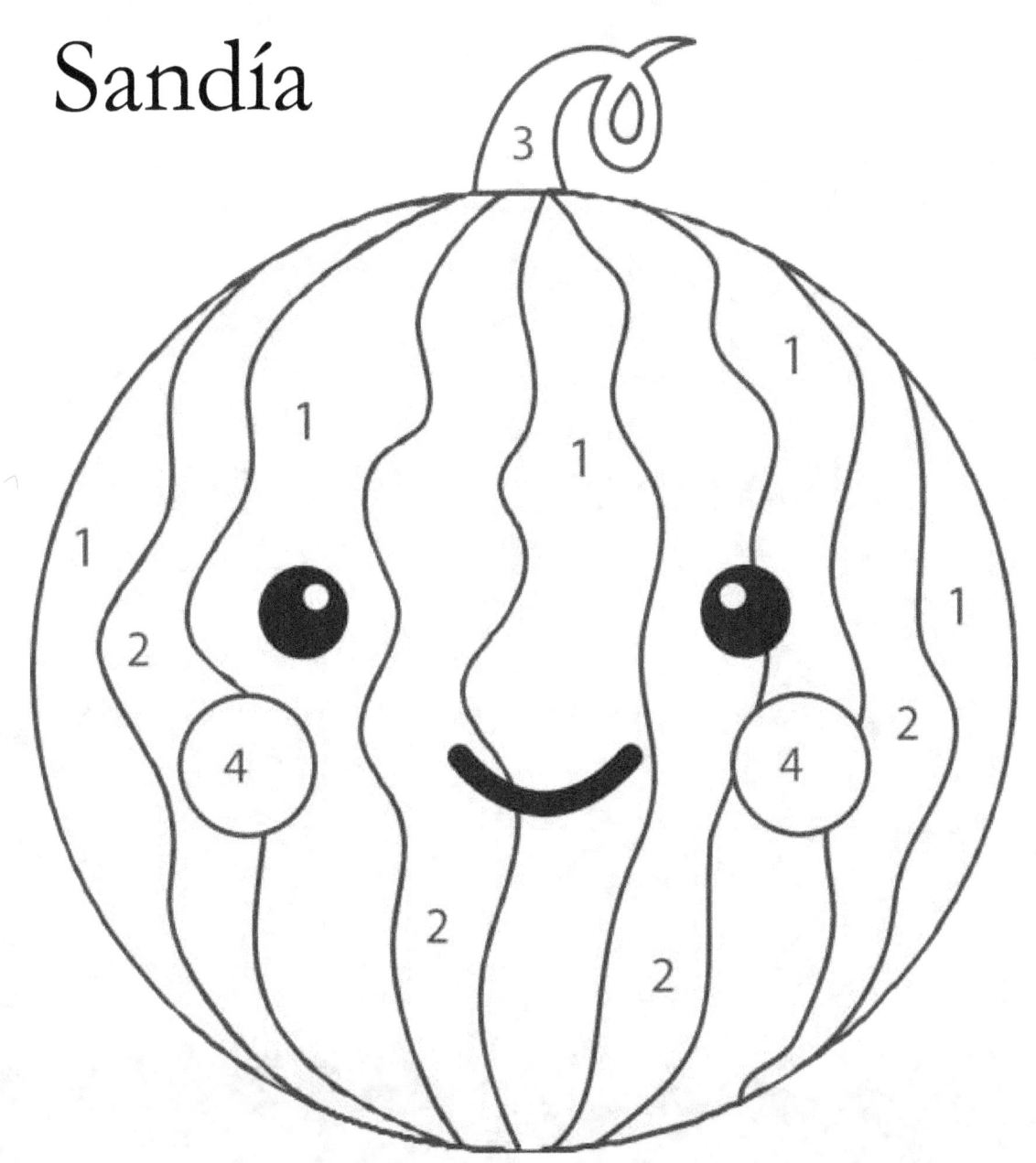

1 - Verde claro   3 - Marrón

2 - Verde oscuro   4 - Rosado

Manzana

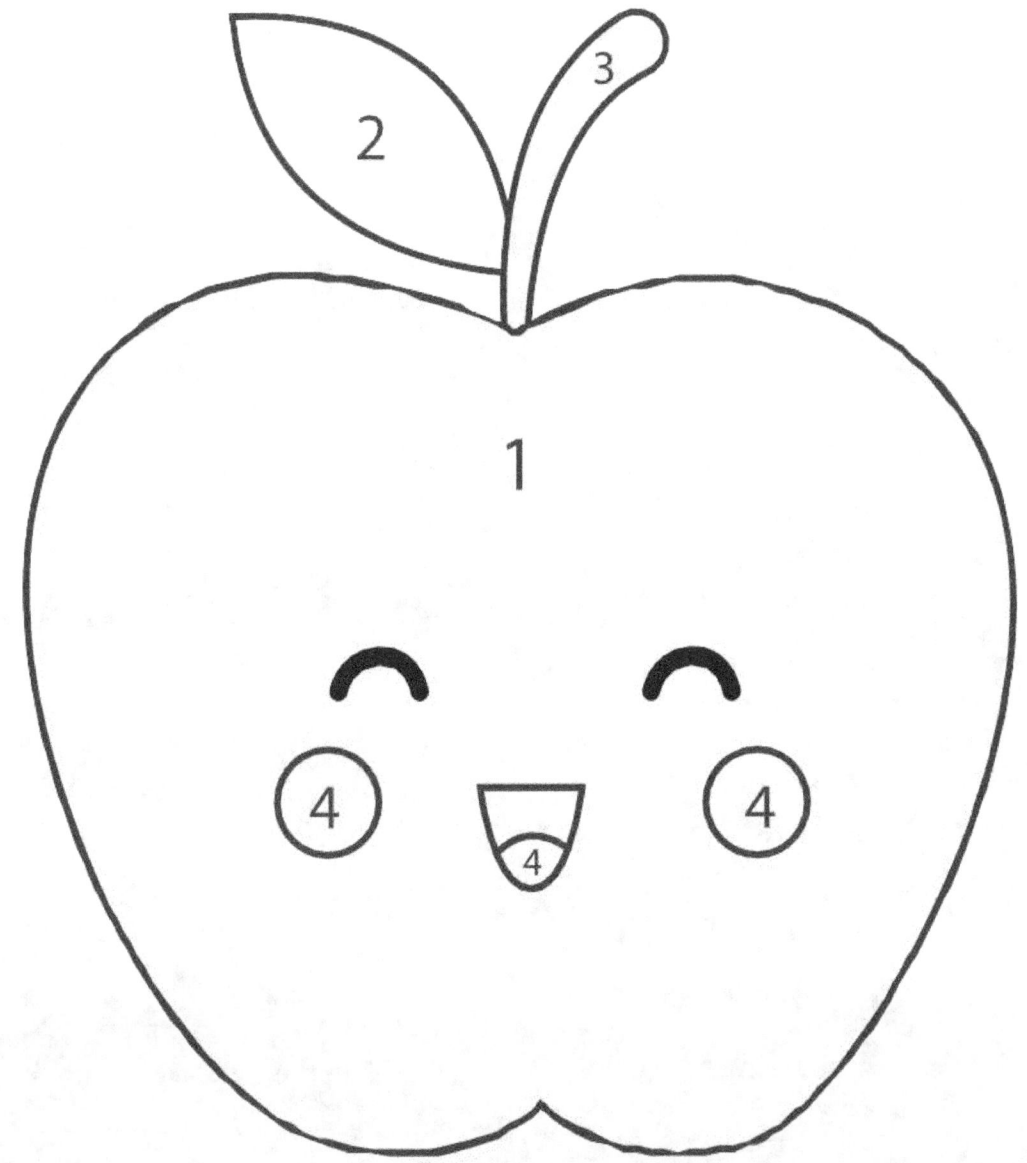

1 – Verde claro 3 – Marrón

2 – Verde oscuro 4 – Rosado

Banana

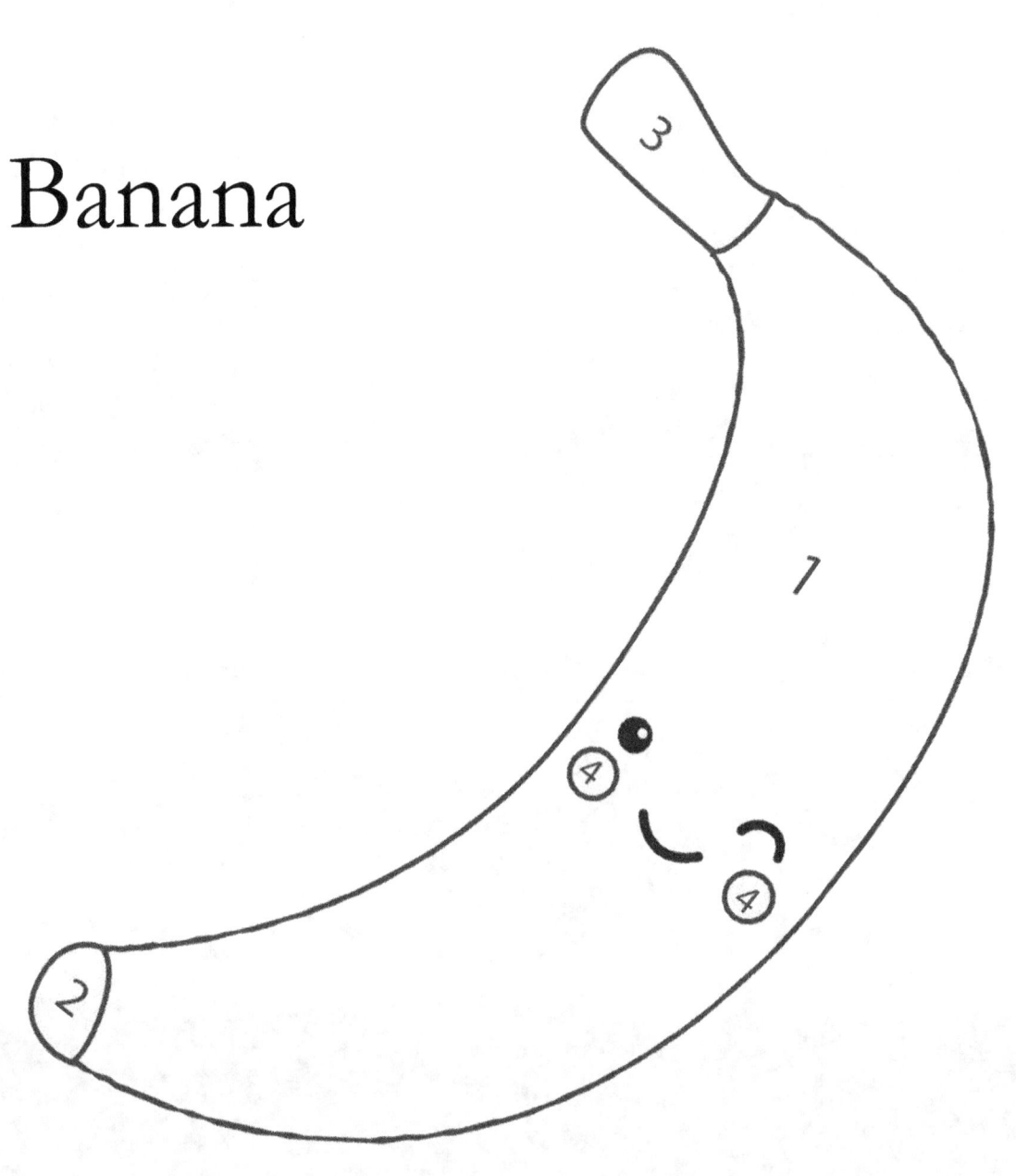

1 - Amarillo 3 - Verde

2 - Marrón 4 - Rosado

Uvas

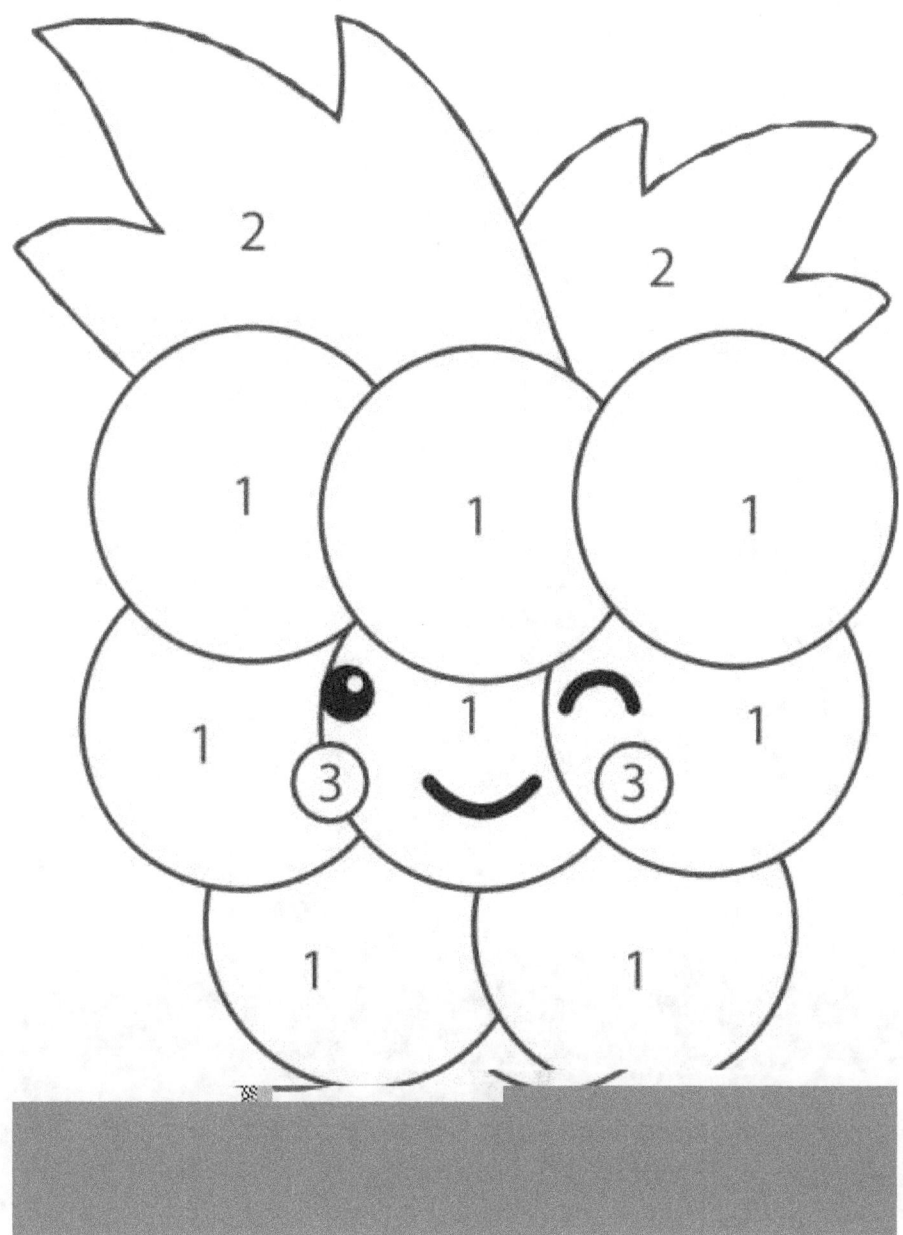

1 - Morado   **3** - Rosado   **2** - Verde

Berenjena

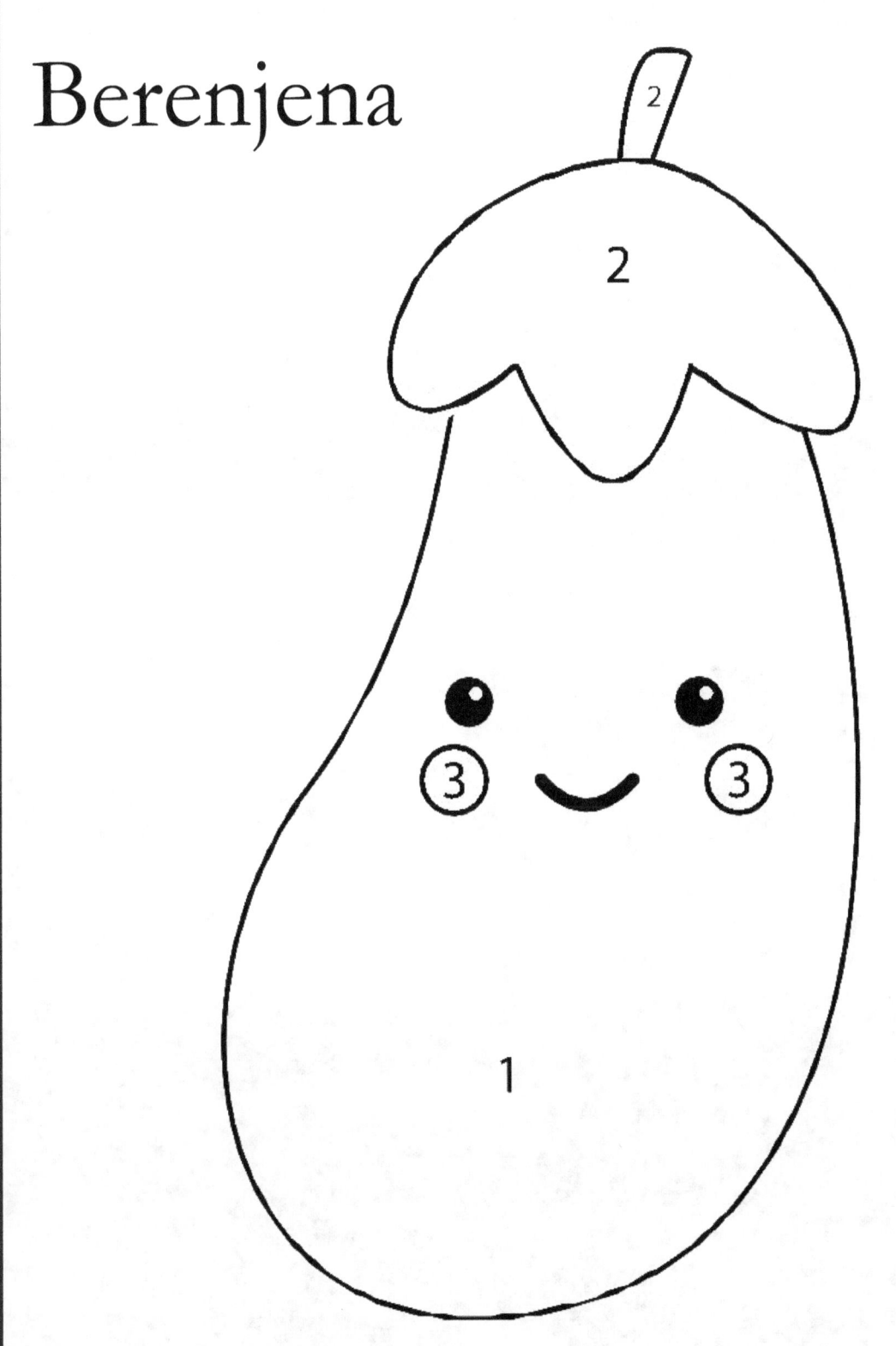

1 - Morado   3 - Rosado   2 - Verde

Lima

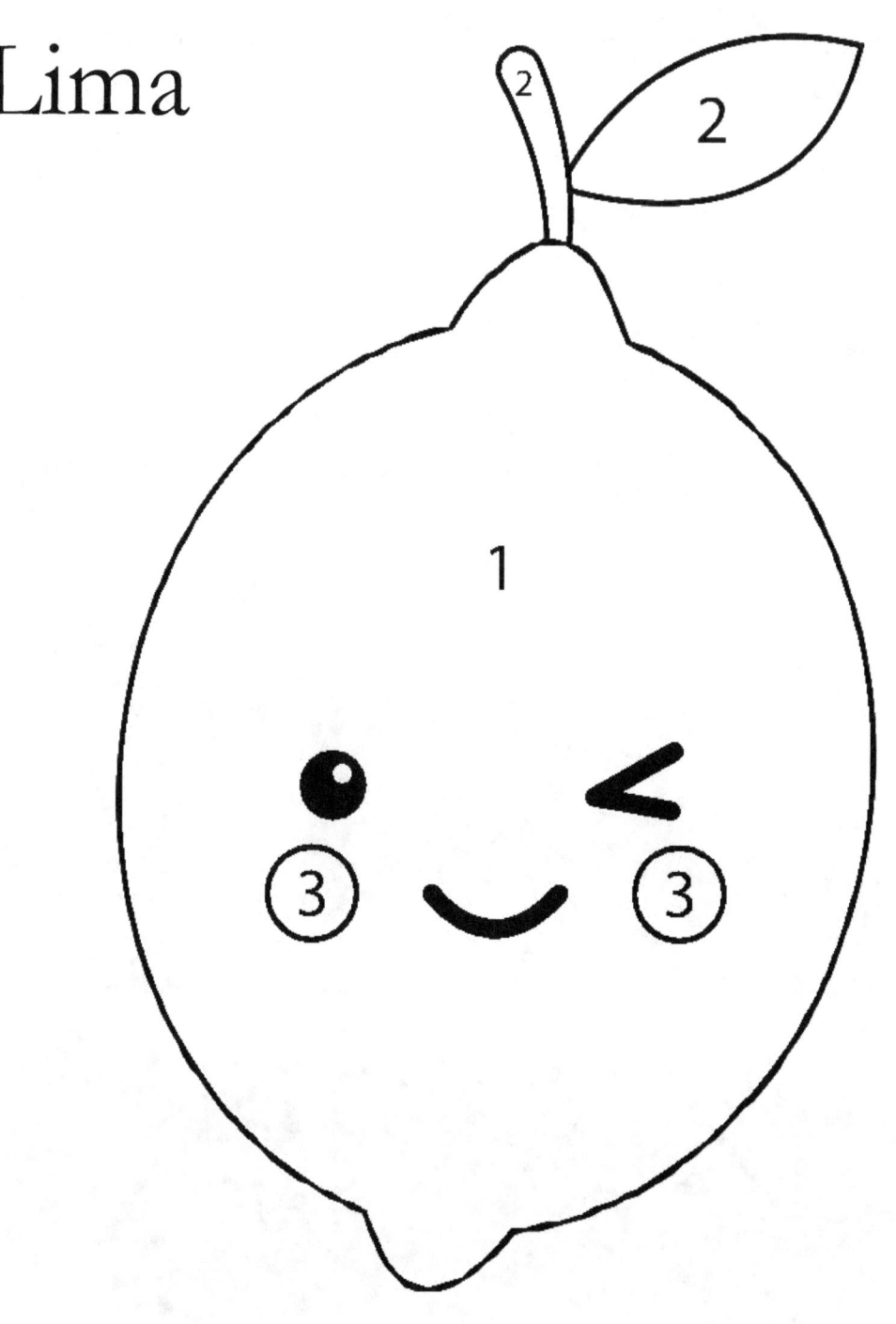

1 - Amarillo **3** - Rosado **2** - Verde

Cerezas

1 - Rojo   3 - Rosado

2 - Verde

Pimiento

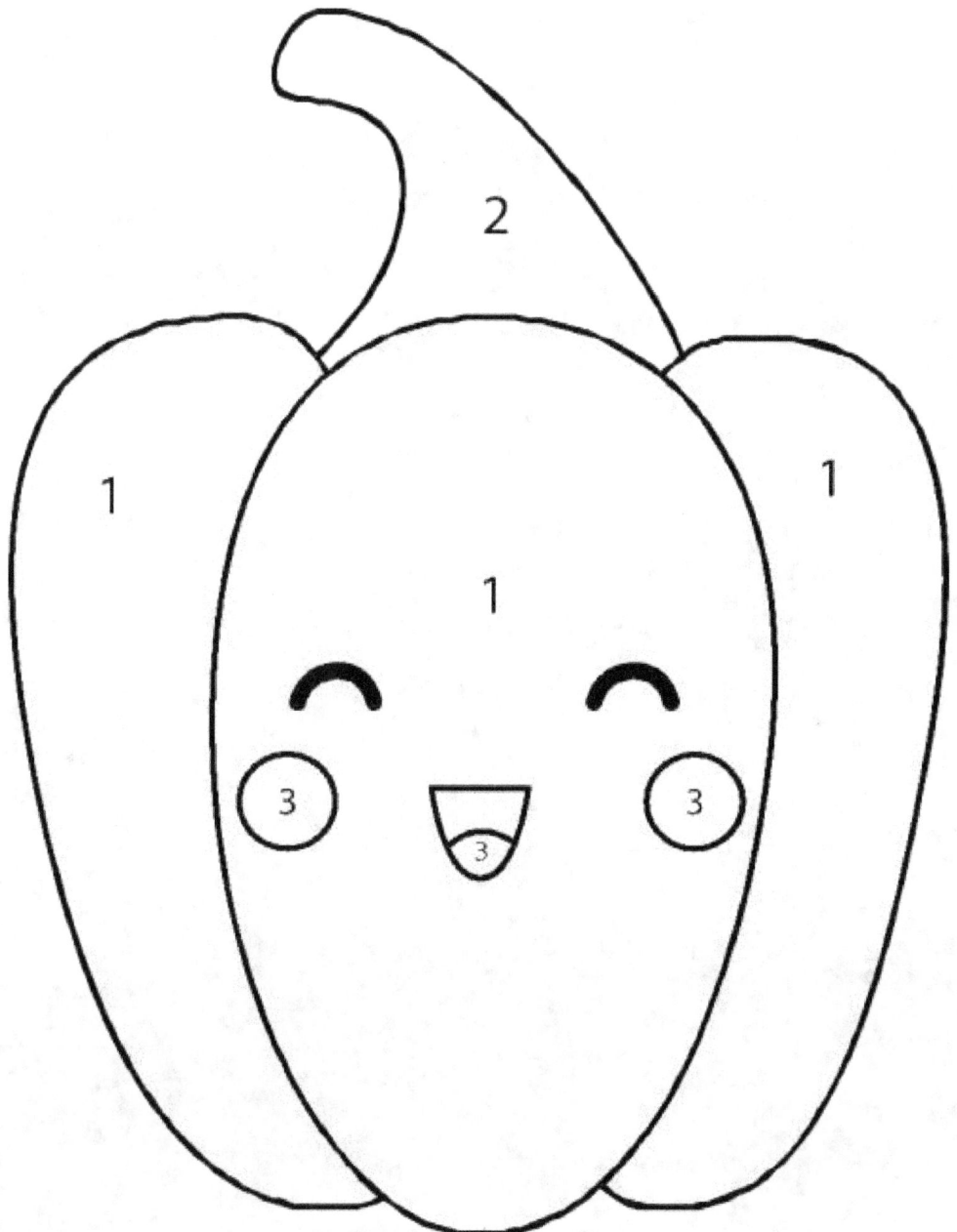

1 - Amarillo **3** - Rosado **2** - Verde

Conclusión

Desde Proyecto Psicoexpansión te damos las gracias por preferirnos y por colorear todos los diseños que hemos dispuesto para ti, estamos seguros de que lo disfrutaste tanto como nosotros. Colorear por número, es una herramienta ideal para trabajar la correspondencia termino a termino, así como la consolidación del número y del color. Si te gusta colorear, no dejes de seguir nuestra colección de libros ***"Mi primer libro de actividades color-número",*** esta magnífica colección ha sido diseñado con cariño para ti.

Desde nuestro lugar creativo, te enviamos saludos, de parte de todo el equipo de especialistas y artistas que conformamos

Proyecto Psicoexpansión

www.ingramcontent.com/pod-product-compliance
Lightning Source LLC
Chambersburg PA
CBHW081701220526
45466CB00009B/2844